Obra: Prevención de Riesgos Laborales II
"Prevención en época de covid-19"
Autor: María Teresa García del Castillo Tercero
Coautor: Pedro Huete Luque
Coautor: Gema Avilés Cano
IBSN: 9781365899348

INDICE

- Introducción
- Riesgos específicos de la asistencia domiciliaria
- Principales riesgos laborales emergentes de los profesionales sanitarios

    1. Lesiones causadas por instrumental cortopunzante
    2. Gestión de la salud y la seguridad en el trabajo

- Naturaleza de las actividades y evaluación del riesgo de exposición
- Medidas de prevención

    1. Medidas de carácter organizativo
    2. Medidas de protección colectiva
    3. Medidas de protección personal

- Trabajador especialmente sensible
- Detención, notificación, estudio y manejo de casos y contactos
- Colaboración en la gestión de la incapacidad temporal

- Equipo de protección individual (EPI)

    1. Protección respiratoria
    2. Guantes y ropa de protección
    3. Protección ocular y facial
    4. Colocación y retirada de los EPI
    5. Desecho o descontaminación
    6. Almacenaje y mantenimiento

- Medidas preventivas relacionadas con la ventilación frente al sars-cov-2
- Exámenes de salud obligatorios versus voluntarios
- Glosario

INTRODUCCIÓN

La vigilancia de la salud de las personas **trabajadoras en la asistencia domiciliaria**, tiene como principal propósito comprender mejor el impacto que el trabajo tiene sobre su salud, de tal forma que sea posible mejorar las condiciones de trabajo. Su práctica debe posibilitar que se identifiquen, tan pronto como sea posible, los efectos adversos del trabajo sobre el bienestar físico, mental y social, para evitar la progresión hacia un daño para la salud más importante.

Para conseguirlo, debe realizarse de manera continuada en el tiempo, mediante un seguimiento longitudinal del trabajador a riesgo e integrarse en los planes y programas de prevención y mejora de las condiciones de trabajo. La vigilancia nos dice cuáles son nuestros problemas, lo grandes que son, hacia dónde debemos enfocar las soluciones, lo bien o mal que han funcionado las soluciones anteriores, y si, a lo largo del tiempo, hay una mejora o un deterioro de la situación.

Identificar y controlar los factores de riesgo laboral debería ser una prioridad clara porque estamos hablando de exposiciones involuntarias que, además, se pueden prevenir. Como sociedad, podemos y debemos asegurar que los daños derivados del trabajo sean identificados y reducidos.

Una parte importante de la vigilancia de la salud de los trabajadores es la vigilancia de las enfermedades, lesiones y otros daños de origen profesional, y consiste en la observación sistemática y continua de los episodios relacionados con la salud en la población trabajadora con el fin de prevenir y controlar los riesgos profesionales, así como las enfermedades y lesiones asociadas a ellos.

RIESGOS ESPECÍFICOS DE LA ASISTENCIA DOMICILIARIA

El trabajo del personal sanitario en la asistencia domiciliaria se desarrolla en entornos, situaciones y circunstancias difíciles. El entorno doméstico puede entrañar peligros, como los vinculados a la calidad inadecuada del aire interior o a la presencia de sustancias tóxicas que vayan asociadas a numerosos efectos negativos sobre la salud. En el entorno doméstico pueden aparecer muchos de los peligros de los entornos clínicos, como la propagación de infecciones, el desarrollo de microorganismos resistentes y los errores de medicación. Todo ello condicionado a que la asistencia domiciliaria puede prestarse en condiciones que no están controladas. Además de estos condicionantes en cuanto al entorno, la formación o experiencia del personal sanitario pueden ser limitadas en el ámbito de la seguridad de los pacientes y a menudo la supervisión directa de su labor es escasa o nula.

La gestión de riesgos es especialmente problemática. Cada hogar es un lugar de trabajo, pero es posible que no estén activas o disponibles de inmediato todas las protecciones necesarias tanto para los trabajadores como para los pacientes.

Todas estas circunstancias hacen que el control de los peligros en la asistencia domiciliaria puede ser difícil.

Factores de riesgo de los profesionales sanitario de atención domiciliaria

Muchos de los factores de riesgos son comunes tanto a los profesionales que trabajan en entornos institucionales como a los realizan la atención a domicilio. Pero a estos factores hay que añadir el de los desplazamientos al lugar de trabajo que son los domicilios de sus pacientes, con el riesgo que supone los accidentes de tráfico. Las causas principales de pérdida de días de trabajo en este grupo además de los accidentes de tráfico son los sobreesfuerzos (y movimientos repetitivos) en la prestación de cuidados a los pacientes; los resbalones, tropezones y caídas dentro y fuera del domicilio.

Otras causas de accidente y enfermedad son la exposición a productos químicos peligrosos (sustancias caústicas, irritantes, tóxicas o alergénicas), los golpes producidos por objetos, las agresiones y los actos o conductas violentas. Además, los trabajadores a domicilio pueden exponerse a enfermedades infecciosas (como hepatitis, VIH, gripe, tuberculosis, varicela y sarampión) al atender a pacientes infectados, por ejemplo, al bañarles o vestirles, o al cocinar para ellos.

Determinadas condiciones de trabajo pueden producirles además fatiga mental o emocional. El trato con pacientes o familiares posiblemente estresados o la dificultad para trabajar con ellos, así como el trabajo independiente en situaciones desconocidas o incontroladas, son otras causas de estrés.

Principales riesgos en el trabajo y en el entorno de trabajo en atención sanitaria domiciliaria

Siguiendo el formato que hemos seguido anteriormente para clasificar los principales riesgos en el trabajo y en el entorno de trabajo para los profesionales sanitario de hospitales y centros de salud, los principales riesgos en el trabajo y en el entorno de trabajo para los profesionales sanitario de atención domiciliaria los podemos resumir y clasificar en los siguientes grupos:

Riesgos ergonómicos

- Las habitaciones del domicilio de los pacientes suelen ser pequeñas o estar muy concurridas. Un 40-48% del tiempo de trabajo se desarrolla manteniendo malas posturas (como por ejemplo, con el tronco inclinado o torcido), las cuales van asociadas a problemas de hombro, cuello y espalda. La inadecuación del espacio para duchar/bañar a los pacientes entraña riesgos ergonómicos y de movilización manual.
- El problema más importante que se presenta en el domicilio de los pacientes es el de las camas no articuladas (problemas con su altura, su anchura y su colocación). Suelen faltar los equipos y ayudas que hay habitualmente en los hospitales para realizar traslados.

- Los trabajadores han de pasar a menudo largos periodos sin sentarse o andando.
- El levantamiento de cargas pesadas, en posturas forzadas y sin ayuda es un predictor significativo de discapacidad permanente en este colectivo.

Un problema importante es el de los trastornos musculoesqueléticos causados por el traslado de los pacientes de la cama a la silla y viceversa, o por la ayuda que se les presta para caminar o para mantenerse de pie (son riesgos específicos en este ámbito los vinculados a los cambios en la movilidad del paciente que exigen un sobreesfuerzo del trabajador, al uso de equipos inadecuados, a la inadecuación del espacio para mover al paciente y a la ausencia de ayuda para levantarle). Las lesiones más frecuentes causantes de pérdida de horas de trabajo entre estos trabajadores son los esguinces y distensiones musculares. En comparación con otros colectivos, son más frecuentes entre ellos las bajas por trastornos musculoesqueléticos.

- La prestación de ayuda para la realización de las actividades cotidianas (vestirse, comer, caminar, asearse) puede entrañar riesgo de trastornos musculoesqueléticos debidos al peso del paciente.

Las causas de los riesgos ergonómicos del personal sanitario son consecuencia de: levantar pesos, empujar, posiciones forzadas, movimientos repetitivos o posturas prolongadas en posición vertical o sedente. Crédito imagen: Ergo/IBV Instituto de Biomecánica de Valencia.

Riesgos Físicos

- En lo que respecta al entorno físico del domicilio, la limpieza y el orden son factores importantes para garantizar un área de trabajo segura. Muchos de estos trabajadores sufren lesiones por tropezones o traspiés, o por pisar objetos que dificulten el paso. Debe haber una iluminación adecuada para permitir el trabajo de forma segura. Además, si la vivienda está abarrotada de objetos y poco iluminada, puede resultar difícil abandonarla con rapidez en caso de emergencia o de agresión.
- Los tratamientos con oxígeno entrañan peligro de incendio. Este puede producirse de manera inesperada. La causa más frecuente son los cigarrillos.
- Es muy habitual que la casa del paciente no esté adaptada a las necesidades de los cuidadores. Un estudio realizado en España en 500 hogares de pacientes concluyó que solo un 6,5% tenían una cama articulada y solo un 16,1% una ducha adaptada; en total, solo el 12,9% ofrecían unas condiciones ajustadas a las necesidades de los cuidadores y que les permitieran realizar su trabajo de manera saludable y segura.
- En cuanto al entorno físico fuera del domicilio, también aquí puede haber peligros: los resbalones, los

tropezones y las caídas (dentro y fuera de la vivienda) son causas frecuentes de accidente entre los trabajadores de la asistencia doméstica. Las aceras (en particular, las de superficie irregular), los escalones, las rampas de madera húmedas, el hielo, la nieve, las hojas o el musgo, los obstáculos en las aceras o zonas de paso y la iluminación deficiente entrañan otros tantos peligros que pueden causar accidentes fuera de la vivienda. Además, cuando un cuidador sale del domicilio del paciente acompañando a este, los riesgos para ambos pueden ser mayores que cuando aquel está solo.

Accidentes de tráfico

- El desplazamiento al domicilio del paciente y desde este: los accidentes de tráfico son una de las causas más frecuentes de accidente de trabajo en la asistencia domiciliaria, y la causa principal de muerte. Para reducir los riesgos al mínimo hay que adoptar medidas tales como llevar el cinturón puesto, controlar el desgaste de los neumáticos, hacer un buen mantenimiento del vehículo, reducir la velocidad y las distracciones, prestar atención especial en los cruces y no conducir si se siente sueño o si se ha bebido alcohol o se han consumido drogas.

Los accidentes de tráfico en los desplazamientos al domicilio del paciente y desde este son una de las causas más frecuentes de accidente de trabajo en la asistencia domiciliaria, y la causa principal de muerte.

Quemaduras y escaldaduras

- Los trabajadores de la asistencia domiciliaria suelen exponerse a quemaduras causadas, por ejemplo, por el agua caliente, los hervidores de agua, los electrodomésticos y los productos químicos. Las quemaduras suelen producirse por exposición a llamas, a objetos calientes, a líquidos calientes, a productos químicos o a la radiación. Las escaldaduras se producen por contacto con calor húmedo, como el agua hirviendo o el vapor.

Riesgos ergonómicos

- Levantar.
- Empujar.
- Posiciones forzadas.
- Movimientos repetitivos.
- Posturas prolongadas en posición vertical o sedente.

El estado de salud de los pacientes influye en los trabajadores de la asistencia domiciliaria debido a que pueden entrar en contacto con enfermedades infecciosas como la hepatitis, el VIH, la gripe, la tuberculosis, la varicela y el sarampión. La mayoría de las infecciones de origen profesional que se transmiten por la sangre son consecuencia de lesiones causadas por instrumental cortopunzante contaminado de sangre tras un accidente o una práctica insegura.

Riesgos biológicos

- Las condiciones insalubres son un motivo de preocupación especial, ya que está bien documentada la facilidad con la que se propagan las enfermedades infecciosas y diversos procedimientos de la asistencia domiciliaria pueden entrañar riesgo de infección. Puede entrañar riesgos la contaminación cruzada, es decir, la que se produce por transferencia de patógenos a través del contacto directo e indirecto con objetos inanimados. Los hogares insalubres pueden tener asimismo plagas, por ejemplo, de roedores, piojos, ácaros de la sarna o termitas.
- También la ropa sucia de una casa representa un problema, porque se ha demostrado que es una vía de propagación de enfermedades. Está documentada, por ejemplo, la propagación de Staphylococcus aureus a través de la ropa sucia. Un estudio sobre higiene doméstica señaló los efectos negativos que tienen en la higiene de la ropa sucia en general determinados cambios en las prácticas de lavado (como la aplicación de temperaturas inferiores, el menor uso de lejía y la reducción de los volúmenes de agua). Estos cambios pueden entrañar mayor riesgo de infección para pacientes y cuidadores.
- El estado de salud de los pacientes también influye: los trabajadores de la asistencia domiciliaria pueden

entrar en contacto con enfermedades infecciosas como la hepatitis, el VIH, la gripe, la tuberculosis, la varicela y el sarampión. La mayoría de las infecciones de origen profesional que se transmiten por la sangre son consecuencia de lesiones causadas por instrumental cortopunzante contaminado de sangre tras un accidente o una práctica insegura.

- La gestión incorrecta de los residuos médicos es otro problema en el entorno doméstico, ya que puede ser una fuente de microbios patógenos.
- También puede haber riesgos por mordedura de un animal o por lesiones causadas por animales.
- Exposición a instrumental cortopunzante: los trabajadores de la asistencia domiciliaria tienen la responsabilidad del uso y la eliminación del instrumental médico cortopunzante. Es frecuente que los pacientes y sus familiares no eliminen este tipo de instrumental de forma correcta (pueden dejarlo por la casa o tirarlo en una papelera), lo que constituye uno de los principales factores de riesgo para los trabajadores. También las jeringuillas y las lancetas pueden dejarse al descubierto en diversos lugares de la casa.
- Otro motivo de preocupación es la reutilización de determinados artículos de un solo uso. Por ejemplo, se ha informado de que muchos pacientes con diabetes reutilizan las jeringas de insulina sin desinfectarlas previamente, hasta que la aguja queda inservible. Análogamente, es posible que en el entorno de la asistencia domiciliaria se desinfecten las

bolsas de drenaje y vuelvan a utilizarse, lo que rara vez ocurre en un hospital.
- Falta de agua: los trabajadores de la asistencia domiciliaria pueden verse obligados a actuar en hogares en los que no haya agua corriente o esta sea de mala calidad.
- Las tareas domésticas pueden implicar la exposición de los trabajadores a productos químicos: los riesgos de esta exposición aumentan en el entorno de la asistencia domiciliaria, al no disponerse siempre del procedimiento correcto para su manipulación. Por otra parte, muchos de estos trabajadores no siempre saben qué tipo de medicamentos toma el paciente o las consecuencias de la exposición a ellos.

Riesgos psicosociales

- Es posible que la asistencia que necesita el paciente no concuerde con la que ofrezca el trabajador.
- No hay supervisión: no se supervisa directamente la labor del trabajador, que suele actuar solo, a veces tiene que desplazarse por barrios inseguros y en ocasiones ha de hacer frente a situaciones caracterizadas por el consumo de alcohol o drogas, a riñas familiares, a perros peligrosos o a un tráfico denso. Algunos estudios indican que el estrés laboral puede ser mayor que el que se da entre los profesores o los cuidadores de niños, al haber menos control del trabajo y ser menor el estímulo de este. Los trabajadores de la asistencia domiciliaria son los que

más bajas por enfermedad se toman (30 días o más por año) y ocupan el segundo lugar por la tasa de absentismo.
- El comportamiento peligroso de las personas fuera del hogar: el domicilio del paciente puede estar situado en una zona insegura, aislada o con una tasa de delincuencia elevada. En estas zonas puede haber riesgo de agresión. La presencia de bandas, toxicómanos o alcohólicos puede entrañar un mayor grado de riesgo de agresión relacionada con el trabajo
- Miembros de la familia y visitantes (violencia): puede haber violencia contra los cuidadores procedente de los pacientes y, en ocasiones, de familiares y visitantes hostiles que se sientan estresados, molestados, frustrados, vulnerables o fuera de control. Es posible que los miembros de la familia adopten una actitud beligerante a causa de su frustración con la enfermedad del paciente o con las medidas asistenciales aplicadas.

Las causas de los riesgos psicosociales en el sector sanitario son consecuencia de las elevadas cargas de trabajo, de los factores relacionados con el estrés y el agotamiento laboral, de la violencia e intimidación., del consumo de drogas, de la exigencias emocionales, de las dificultades con el idioma, de la falta de horarios de trabajo óptimos, de la crisis económica y del trabajo en solitario, entre otras.

PRINCIPALES RIESGOS LABORALES EMERGENTES DE LOS PROFESIONALES SANITARIOS

Los principales riesgos emergentes de los profesionales sanitarios que cabe esperar en Europa a partir de los cambios contextuales y los riesgos actuales, son los siguientes:

- Se prevé un aumento de la exposición a agentes químicos relativamente nuevos, como los nanomateriales, con consecuencias desconocidas para los trabajadores. El personal que maneje estos materiales debe adoptar precauciones extraordinarias y hay que seguir investigando además sobre sus posibles efectos.
- La exposición a agentes biológicos puede aumentar debido al aumento de los viajes y de la movilidad de los pacientes. Además, es probable que aumente la exposición a agentes (partículas procedentes de animales, etc.) en las viviendas, dada la previsión de aumento del número de trabajadores de la asistencia domiciliaria.
- La exposición al ruido y a los riesgos físicos (por ejemplo, a la radiación) ligados al uso de técnicas médicas nuevas (como las Radiaciones Magnéticas) puede aumentar a medida que se desarrollen nuevos

equipos. Todo ello puede entrañar nuevos riesgos para los trabajadores y exigir nuevas investigaciones sobre los efectos de la exposición.

- Otro riesgo de inseguridad puede ser el vinculado a las barreras lingüísticas entre los trabajadores, y entre estos y los pacientes, a consecuencia de la inmigración.
- La recesión económica puede elevar el riesgo de fallos en los equipos, dada la reducción de las inversiones para mantenimiento y reparación, o para la compra de otros nuevos.
- El crecimiento de los costes de la asistencia, junto con los recortes del gasto público, ha aumentado la presión para la mejora de los servicios prestados, aunque manteniendo un elevado nivel asistencial.
- Algunos hospitales han cerrado a causa de la situación económica, con lo que hay menos camas disponibles en las proximidades de los pacientes. Con la reducción del personal hay que aumentar, por otra parte, la eficiencia del servicio, lo que seguirá representando un factor de presión para los trabajadores en activo.
- Las cargas de trabajo físico siguen suscitando preocupación, debiendo mencionarse entre los factores contribuyentes los siguientes: falta de equipos (como aparatos elevadores) en el hogar o aumento de los cuidados de larga duración en los pacientes con enfermedades crónicas, como la obesidad. También la creciente implantación de herramientas informáticas influye en los aspectos

físicos. Los equipos móviles entrañan otros peligros ergonómicos.
- El tiempo de trabajo seguirá siendo un problema si los trabajadores tienen que trabajar más horas (debido a las elevadas cargas de trabajo) y si hay más trabajadores (por ejemplo trabajadores domésticos y profesionales de la asistencia domiciliaria) que no estén protegidos por la legislación sobre SST.
- La intensificación del trabajo puede aumentar a causa de las restricciones presupuestarias, la reconversión, la falta de personal, el mayor número de pacientes y la mayor necesidad de eficiencia. El creciente uso de las TIC puede influir también en este aspecto, al igual que un posible aumento del número de personas con más de un empleo. Los trabajos de la asistencia sanitaria y los trabajadores de otros subsectores en los que hay falta de personal pueden verse también afectados. La reconversión del sector contribuye al aumento de la inseguridad en el empleo.
- La conciliación de la vida laboral y personal puede seguir siendo un problema y afecta en particular a las numerosas mujeres que trabajan en este sector.
- La violencia y el acoso, en combinación con el carácter emocional del trabajo, generan aún gran preocupación en el ámbito de la asistencia sanitaria. Los expertos que participaron en la elaboración del informe de la EU-OSHA 'Expert Forecast on Emerging Psychosocial Risks' (previsiones de los expertos sobre los riesgos psicosociales) expresaron su opinión de que, aún tratándose de riesgos que no

son nuevos, preocupan cada vez más, en especial en este sector. La creciente capacitación de los pacientes es un factor que contribuye aún más a estos riesgos.

- La Directiva 2011/24/UE relativa a la aplicación de los derechos de los pacientes en la asistencia sanitaria transfronteriza tendrá un efecto negativo en algunos de los Estados miembros de la EU-28. Aunque en teoría la cooperación de los profesionales sanitarios en iniciativas dirigidas a favorecer la movilidad de los pacientes les permitirá aprender más y recibir formación sobre nuevos procedimientos y enfoques médicos, tendrá también una serie de efectos potenciales en ellos. La movilidad de los pacientes influirá en las oportunidades laborales y en las cargas de trabajo. En el país receptor de los pacientes, habrá que ampliar la capacidad contratando más personal; no obstante, con el actual déficit de profesionales sanitarios (por ejemplo, de enfermería) lo más probable es que aumente la carga de trabajo. Por otra parte, es muy posible que estos profesionales sanitarios hayan de enfrentarse a expectativas y actitudes distintas de las que tienen los pacientes nacionales, con la generación consiguiente de dificultades de comunicación y culturales, incluso de actitudes de acoso y de violencia. En los países que pierdan profesionales sanitarios, se tratarán de aprovechar al máximo los recursos humanos disponibles, lo que provocará el agotamiento laboral del personal y una elevada rotación.

- Tendencia a favor de la asistencia domiciliaria: con la inminente aplicación de políticas dirigidas a acentuar el desplazamiento de la asistencia en régimen cerrado a la asistencia en régimen abierto, será necesario prestar más atención a la Seguridad y Salud en el sector de la asistencia sanitaria. Las personas con alguna patología pueden recibir asistencia no solo en hospitales, sino también en su propio domicilio y en residencias para mayores. Aumentará la presión que las instituciones asistenciales de nivel superior ejerzan sobre los médicos de familia y los trabajadores de la asistencia domiciliaria para que asuman más tareas.

Entre los riesgos emergentes se prevé un aumento a la exposición de agentes químicos relativamente nuevos, como los **nanomateriales,** con consecuencias para la salud aún desconocidas. El personal sanitario que maneje estos materiales debe adoptar precauciones extraordinarias y además se debe seguir investigando sobre sus posibles efectos.

Además de los cambios sociales y demográficos a escala nacional, se prevén otros que tendrán un efecto positivo sobre la Seguridad y Salud Laboral en este sector como:

Lesiones causadas por instrumental cortopunzante:

- Las modificaciones de la legislación nacional tendrán más en cuenta la Directiva 2010/32/UE del Consejo, de 10 de mayo de 2010, que aplica el Acuerdo marco para la prevención de las lesiones causadas por instrumental médico cortopunzante en el sector hospitalario y sanitario.
- Con ello se espera que mejore el cumplimiento de la normativa sobre Seguridad y Salud Laboral en el ámbito de las inspecciones específicas y de la cooperación entre las autoridades. Las mismas precauciones para la prevención de esas lesiones se aplican a otras profesiones del sector, como los servicios de limpieza, los de eliminación de residuos, etc. Se espera que tales medidas tengan una influencia positiva en los servicios y en la calidad de la asistencia.

Gestión de la salud y la seguridad en el trabajo:

- Se prevé un aumento del número de especialistas en seguridad y salud en el trabajo en este sector. Con la mayor presencia de especialistas de estas características en hospitales (y en otros centros) que tengan la facultad de introducir cambios tales como la insistencia en el cumplimiento de los programas de vacunación, la prestación de ayuda y asistencia a los trabajadores con discapacidad, el ofrecimiento de programas de rehabilitación, etc., debería mejorar considerablemente la Seguridad y Salud en el Trabajo de los trabajadores sanitarios.

- Se mantiene un vivo debate sobre el modo de mejorar la integración de la asistencia sanitaria y la asistencia social, lo que redundará en una mejora de la calidad de la asistencia. La implantación de «hospitales virtuales», mediante los cuales se realice una parte importante del tratamiento en el domicilio de las personas mayores, puede mejorar la prestación de los servicios y los resultados obtenidos. Una integración más estrecha de los riesgos clínicos y los riesgos para la SST permitirá mejorar la gestión de ambos.

NATURALEZA DE LAS ACTIVIDADES Y EVALUACIÓN DEL RIESGO DE EXPOSICIÓN

Cualquier toma de decisión sobre las medidas preventivas a adoptar en cada empresa deberá basarse en información recabada mediante la evaluación específica del riesgo de exposición, que se realizará siempre en consonancia con la información aportada por las autoridades sanitarias. En este proceso, se consultará a los trabajadores y se considerarán sus propuestas. En función de la naturaleza de las actividades y los mecanismos de transmisión del coronavirus SARSCoV-2, podemos establecer los diferentes escenarios de exposición en los que se pueden encontrar los trabajadores, que se presentan: en la Tabla 1, con el fin de establecer las medidas preventivas requeridas.

Tabla 1. Escenarios de riesgo de exposición al coronavirus SARS-CoV-2 en el entorno laboral

EXPOSICIÓN DE RIESGO	EXPOSICIÓN DE BAJO RIESGO	BAJA PROBABILIDAD DE EXPOSICIÓN
Personal sanitario asistencial y no asistencial que atiende a casos sospechosos o confirmados de COVID-19. Situaciones en las que no se puede evitar el contacto estrecho en el trabajo con casos sospechosos o confirmados de COVID-19.	Personal asistencial y no asistencial que entra en zonas COVID, y cuyas tareas se realizan manteniendo la distancia de seguridad y sin actuación directa sobre casos sospechosos o confirmados. Personal no sanitario que tenga contacto con material sanitario, fómites o desechos posiblemente contaminados. Ayuda a domicilio de contactos asintomáticos.	Personal sanitario asistencial y no asistencial que desarrolla su actividad en áreas NO COVID con las medidas de prevención adecuadas. Trabajo en ámbito no sanitario o no sociosanitario con probabilidad de contacto con casos de COVID-19, manteniendo la distancia de seguridad y sin actuación directa sobre ellos.

REQUERIMIENTOS

| En función de la evaluación específica del riesgo de exposición de cada caso: componentes de EPI de protección biológica y, en ciertas circunstancias, de protección frente a aerosoles y frente a salpicaduras. | En función de la evaluación específica del riesgo de cada caso: componentes de EPI de protección biológica. | No necesario uso de EPI. En ciertas situaciones (falta de cooperación de una persona sintomática): — protección respiratoria, — guantes de protección |

MEDIDAS DE PREVENCIÓN

Medidas de carácter organizativo

- Implementar las medidas necesarias para minimizar el contacto entre las personas trabajadoras y entre estas últimas y los potenciales clientes o público que puedan concurrir en su lugar de trabajo. En este sentido, la disposición de los puestos de trabajo, la organización de la circulación de personas y la distribución de espacios (mobiliario, estanterías, pasillos, etc.) en el centro de trabajo debe modificarse, en la medida de lo posible, con el objetivo de garantizar el mantenimiento de la distancia de seguridad de 2 metros.
- Establecer planes de continuidad de la actividad ante un aumento de las bajas laborales del personal o en un escenario de incremento del riesgo de transmisión en el lugar de trabajo, con un proceso de participación y acuerdo con la representación legal de los trabajadores.
- Contemplar posibilidades de redistribución de tareas y/o teletrabajo si fuera necesario.
- En aquellos establecimientos abiertos al público se atenderá a las siguientes consideraciones:

1. El aforo máximo deberá permitir cumplir con las medidas extraordinarias dictadas por las autoridades sanitarias, concretamente con el requisito de distancias de seguridad.
2. Cuando sea posible, se fomentará la habilitación de mecanismos de control de acceso en las entradas de los locales. Este control de acceso debe garantizar el cumplimiento estricto del aforo máximo calculado para esta situación extraordinaria.
3. Cuando sea de aplicación, se establecerán medidas para organizar a los clientes que permanezcan en el exterior del establecimiento en espera de acceder a él cuando lo permita el aforo. Todo el público, incluido el que espera en el exterior del establecimiento, debe guardar rigurosamente la distancia de seguridad.
4. Se informará claramente a los clientes sobre las medidas organizativas y sobre su obligación de cooperar en su cumplimiento.

Medidas de protección colectiva

- Implantar barreras físicas de separación: uso de interfonos, ventanillas, mamparas de metacrilato, cortinas transparentes, etc.
- Delimitación y mantenimiento de distancia en mostradores, ventanillas de atención, etc.

Medidas de protección personal

La forma óptima de prevenir la transmisión es usar una combinación de todas las medidas preventivas, no solo Equipos de Protección Individual (EPI). La aplicación de una combinación de medidas de control puede proporcionar un grado adicional de protección.

La información sobre Equipos de Protección Individual, elaborada con el Instituto Nacional de Seguridad y Salud en el Trabajo, se recoge en los anexos II y III. El Anexo III plantea alternativas y estrategias para la optimización del uso de mascarillas, ropa de protección y guantes.

TRABAJADOR ESPECIALMENTE SENSIBLE

El servicio sanitario del SPRL debe evaluar la presencia de personal trabajador especialmente sensible en relación a la infección de coronavirus SARS-CoV-2, establecer la naturaleza de especial sensibilidad de la persona trabajadora y emitir informe sobre las medidas de prevención, adaptación y protección. Para ello, tendrá en cuenta la existencia o inexistencia de unas condiciones que permitan realizar el trabajo sin elevar el riesgo propio de la condición de salud de la persona trabajadora.

Con la evidencia científica disponible a fecha 2 de junio de 2020 (Información científica-técnica sobre el COVID-19, del Ministerio de Sanidad; ECDC; CDC), el Ministerio de Sanidad ha definido como grupos vulnerables para COVID-19 las personas con enfermedad cardiovascular, incluida hipertensión, enfermedad pulmonar crónica, diabetes, insuficiencia renal crónica, inmunodepresión, cáncer en fase de tratamiento activo, enfermedad hepática crónica severa, obesidad mórbida (IMC>40), embarazo y mayores de 60 años. Para calificar a una persona como especialmente sensible para SARS-CoV-2, debe aplicarse lo indicado en el primer párrafo. Esa evaluación es la única actividad técnica que podrá servir de base para tomar las decisiones técnico preventivas adaptadas a cada caso.

DETECCIÓN, NOTIFICACIÓN, ESTUDIO Y MANEJO DE CASOS Y CONTACTOS

Los profesionales del servicio sanitario del servicio de prevención de riesgos laborales serán los encargados de establecer los mecanismos para la detección, investigación y seguimiento de los casos y contactos estrechos en el ámbito de sus competencias, de forma coordinada con las autoridades de salud pública. Las Comunidades y las Ciudades Autónomas establecerán los procedimientos y circuitos a seguir en cada caso.

Detencción

Se considera caso sospechoso de infección por SARS-CoV-2 a cualquier persona con un cuadro clínico de infección respiratoria aguda de aparición súbita de cualquier gravedad que cursa, entre otros, con fiebre, tos o sensación de falta de aire. Otros síntomas atípicos como la odinofagia, anosmia, ageusia, dolores musculares, diarreas, dolor torácico o cefaleas, entre otros, pueden ser considerados también síntomas de sospecha de infección por SARS-CoV-2 según criterio clínico.

A todo caso sospechoso de infección por el SARS-CoV-2 se le realizará una PCR1 (u otra técnica de diagnóstico molecular que se considere adecuada) en las primeras 24 horas.

Si la PCR resulta negativa y hay alta sospecha clínica de COVID-19 se repetirá la PCR con una nueva muestra del tracto respiratorio2 . Si la PCR continúa siendo negativa y han trascurrido varios días desde el inicio de los síntomas, se podrá plantear la detección de IgM mediante una prueba serológica tipo ELISA u otras técnicas de inmunoensayo de alto rendimiento.

Clasificación de los casos

Caso sospechoso: caso que cumple criterio clínico de caso sospechoso hasta obtener el resultado de la PCR.

Caso confirmado con infección activa:

— Caso con o sin clínica y PCR (u otra técnica de diagnóstico molecular que se considere adecuada), positiva.

— Caso que cumple criterio clínico, con PCR (u otra técnica de diagnóstico molecular que se considere adecuada) negativa y resultado positivo a IgM por serología (no por test rápidos).

Notificación de casos

Los casos sospechosos se notificarán de forma agregada y diaria y los casos confirmados serán de declaración obligatoria urgente. Esta información individualizada se enviará los 7 días de la semana hasta las 24.00 horas del día. Las Comunidades y las Ciudades Autónomas establecerán los procedimientos y circuitos a seguir en cada caso

Manejo de los casos de COVID-19

Todos los casos sospechosos se mantendrán en aislamiento a la espera del resultado de la PCR y se iniciará la búsqueda de sus contactos.

En los casos que no requieran ingreso hospitalario, se indicará aislamiento domiciliario. El aislamiento se mantendrá hasta transcurridos tres días desde la resolución de la fiebre y del cuadro clínico con un mínimo de 14 días desde el inicio de los síntomas. En los casos asintomáticos el aislamiento se mantendrá hasta transcurridos 14 días desde la fecha del diagnóstico. El seguimiento será supervisado hasta el alta médica de la forma que se establezca en cada Comunidad Autónoma.

Cuando no pueda garantizarse el aislamiento efectivo de los casos leves en su domicilio se indicará el aislamiento en hoteles u otras instalaciones habilitadas para tal uso si existe esta posibilidad.

Estudio y manejo de contactos

Se clasifica como contacto estrecho:

— Cualquier persona que haya proporcionado cuidados a un caso: personal sanitario o socio- sanitario que no ha utilizado las medidas de protección adecuadas o personas que tengan otro tipo de contacto físico similar.

— Cualquier persona que haya estado en el mismo lugar que un caso, a una distancia menor de 2 metros (ej. visitas, reunión) y durante más de 15 minutos.

— Cualquier persona que haya viajado en un avión, tren u otro medio de transporte terrestre de largo recorrido (siempre que sea posible el acceso a la identificación de los viajeros) en un radio de dos asientos alrededor del caso, así como la tripulación que haya tenido contacto con él.

En el momento que se detecte un caso sospechoso se iniciarán las actividades de identificación de contactos estrechos. El periodo a considerar será desde 2 días antes del inicio de síntomas del caso hasta el momento en el que el caso es aislado. En los casos asintomáticos confirmados por PCR, los contactos se buscarán desde 2 días antes de la fecha de diagnóstico.

Cualquier persona asintomática que cumpla la definición de contacto estrecho de un caso confirmado deberá ser informada y se iniciará una vigilancia activa o pasiva, siguiendo los protocolos establecidos en cada Comunidad Autónoma.

Los contactos estrechos de casos confirmados realizarán cuarentena domiciliaria durante 14 días desde la fecha de último contacto con el caso.

Si durante los 14 días de cuarentena desarrollara síntomas, pasará a ser considerado caso sospechoso, deberá hacer autoaislamiento inmediato en el lugar de residencia y contactar de forma urgente con el responsable que se haya establecido para su seguimiento.

Si el contacto sigue asintomático al finalizar su periodo de cuarentena podrá reincorporarse a su rutina de forma habitual

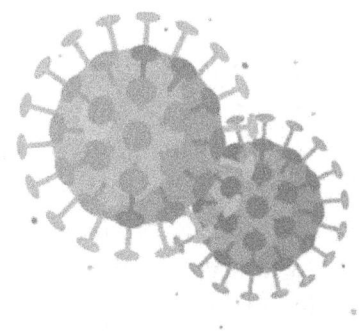

COLABORACIÓN EN LA GESTIÓN DE LA INCAPACIDAD TEMPORAL

Al objeto de proteger la salud pública, se considerarán, con carácter excepcional, situación asimilada a accidente de trabajo, exclusivamente para la prestación económica de incapacidad temporal del sistema de Seguridad Social, aquellos periodos de aislamiento o contagio de las personas trabajadoras provocado por el virus SARS-CoV-2 (Artículo 5 del Real Decreto-ley 6/2020, de 10 de marzo, por el que se adoptan determinadas medidas urgentes en el ámbito económico y para la protección de la salud pública)

"Actualización a 19 de marzo de 2020 de las Instrucciones aclaratorias relativas al nuevo procedimiento de remisión de partes de los Servicios Públicos de Salud (SPS) por coronavirus"

Instituto Nacional de la Seguridad Social establece que serán los médicos del SPS los que emitan los partes de baja y alta en todos los casos de afectación por coronavirus, tanto en las situaciones de aislamiento como de enfermedad y a todos los trabajadores y trabajadoras que por su situación clínica o indicación de aislamiento lo necesiten, tanto para el personal sanitario como para el resto de trabajadores. Estas instrucciones se completan con la "Actualización de la emisión y transmisión de partes de incapacidad temporal al

Instituto Nacional de la Seguridad Social, en el caso de trabajadores especialmente sensibles y de partes de procesos COVID-19 intercurrentes con otros procesos de IT por distintas patologías", de 30 de abril de 2020.

El servicio sanitario del servicio de prevención de riesgos laborales elaborará el informe para que quede acreditada la indicación de incapacidad temporal (IT), con el fin de facilitar a los servicios de atención primaria su tramitación, en

- Los casos sospechosos o confirmados y los contactos estrechos de casos confirmados ocurridos en la empresa. Así como los casos confirmados para los que le sea requerido por la autoridad sanitaria.
- Las personas trabajadoras con especial sensibilidad en relación a la infección de coronavirus SARS-CoV-2, sin posibilidad de adaptación del puesto de trabajo, protección adecuada que evite el contagio o reubicación en otro puesto exento de riesgo de exposición al SARS-CoV-2. En este caso, cuando se produzcan cambios en la evidencia científica disponible, en las condiciones de trabajo o en las medidas preventivas que hagan innecesaria la IT, el servicio de prevención debe reevaluar con los nuevos criterios o datos, los informes de indicación de IT emitidos que puedan verse afectados y facilitar su resultado, por la misma vía, a los servicios de atención primaria.

El servicio de prevención de riesgos laborales informará sobre las actuaciones anteriores a las personas afectadas, a la empresa y a los órganos de representación en materia de seguridad y salud, si los hubiera, guardando la debida confidencialidad.

— La obligación del aislamiento preventivo o, en su caso, cuarentena.

— Que el parte de baja y los de confirmación serán emitidos sin la presencia física de la persona trabajadora. La persona interesada no debe ir a recoger los partes, puede recogerlos otra persona o utilizar otros medios disponibles para evitar desplazamientos.

— Que aunque los partes de baja y alta serán emitidos por enfermedad común, el INSS realizará el procedimiento interno correspondiente para convertirlos en accidente de trabajo, a efectos de prestación económica.

— Las medidas y recomendaciones preventivas generales, sobre todo de higiene, de los lugares de trabajo

EQUIPO DE PROTECCIÓN INDIVIDUAL (EPI)

De acuerdo a lo establecido en el Real Decreto 773/1997, el equipo deberá estar certificado en base al Reglamento (UE) 2016/425 relativo a los equipos de protección individual, lo cual queda evidenciado por el marcado CE de conformidad.

Los productos como, guantes o mascarillas, estén destinados a un uso médico con el fin de prevenir una enfermedad en el paciente deben estar certificados como productos sanitarios (PS) de acuerdo a lo establecido en el Real Decreto 1591/2009, por el que se regulan los mismos.

Un mismo producto, para el que se requiera un doble fin, debe cumplir simultáneamente con ambas legislaciones. Es el caso de los guantes o mascarillas de uso dual.

De forma general, la recomendación es utilizar EPI desechables, o si no es así, que puedan desinfectarse después del uso, siguiendo las recomendaciones del fabricante.

Los EPI deben escogerse de tal manera que se garantice la máxima protección con la mínima molestia para el usuario y para ello es crítico escoger la talla, diseño o tamaño que se adapte adecuadamente al mismo.

La correcta colocación de los EPI es fundamental para evitar posibles vías de entrada del agente biológico; igualmente importante es la retirada de los mismos para evitar el contacto con zonas contaminadas y/o dispersión del agente infeccioso.

Los EPI que podrían ser necesarios, así como las características o aspectos de los mismos que pueden ser destacables en el entorno laboral que nos ocupa. No se trata de una descripción de todos los EPI que pudieran proteger frente a un riesgo biológico, sino de los indicados en el caso del personal potencialmente expuesto en el manejo de las personas con sintomatología de infección por el coronavirus. La evaluación del riesgo de exposición permitirá precisar la necesidad del tipo de protección más adecuado.

PROTECCIÓN RESPIRATORIA

Con el fin de evitar contagios, los casos sospechosos o confirmados deben llevar mascarillas quirúrgicas. En el caso de que llevasen en lugar de una mascarilla quirúrgica una mascarilla autofiltrante, en ningún caso ésta incluirá válvula de exhalación ya que en este caso el aire es exhalado directamente al ambiente sin ningún tipo de retención y se favorecería, en su caso, la difusión del virus. Las mascarillas quirúrgicas deben cumplir la norma UNE-EN 14683:2019+AC:2019). La colocación de la mascarilla quirúrgica a una persona con sintomatología respiratoria supone la primera medida de protección para el trabajador.

La protección respiratoria generalmente recomendada para los profesionales de la salud que pueda estar en contacto a menos de 2 metros con casos posibles, probables o confirmados es una mascarilla autofiltrante tipo FFP2 o media máscara provista con filtro contra partículas P2. Este tipo de protección respiratoria será también la recomendada cuando la evaluación específica del riesgo así lo requiera. En caso de escasez de equipos de protección el personal sanitario también podrá usar mascarillas quirúrgicas en combinación con otras medidas preventivas (ver Anexo III).

Las mascarillas autofiltrantes (que deben cumplir la norma UNE-EN 149:2001 +A1:2009) o, en su caso, los filtros empleados (que deben cumplir con las normas UNE-EN 143:2001), a priori, no deben reutilizarse y por tanto, deben desecharse tras su uso. Las medias máscaras (que deben cumplir con la norma UNE-EN 140:1999) deben limpiarse y desinfectarse después de su uso. Para ello se seguirán estrictamente las recomendaciones del fabricante y en ningún caso, el usuario debe aplicar métodos propios de desinfección ya que la eficacia del equipo puede verse afectada.

Los equipos de protección respiratoria deben quitarse en último lugar, tras la retirada de otros componentes como guantes, batas, etc.

La Enfermedad y los síntomas (COVID-19)

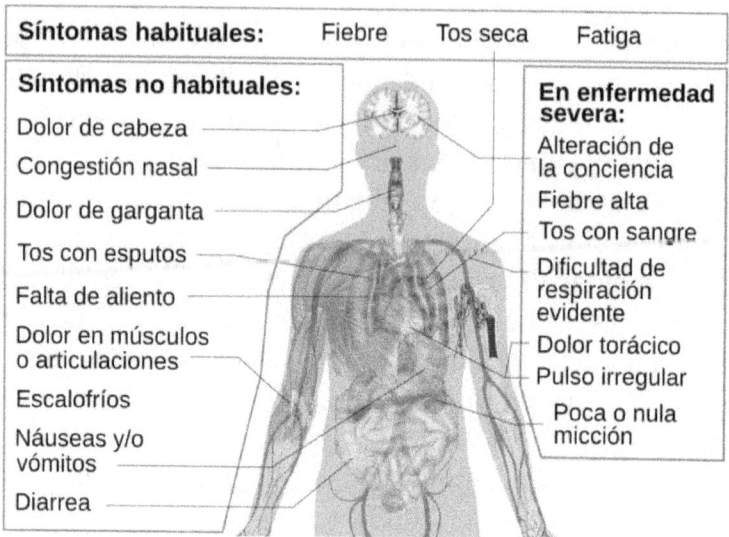

| Síntomas habituales: | Fiebre   Tos seca   Fatiga |

Síntomas no habituales:
- Dolor de cabeza
- Congestión nasal
- Dolor de garganta
- Tos con esputos
- Falta de aliento
- Dolor en músculos o articulaciones
- Escalofríos
- Náuseas y/o vómitos
- Diarrea

En enfermedad severa:
- Alteración de la conciencia
- Fiebre alta
- Tos con sangre
- Dificultad de respiración evidente
- Dolor torácico
- Pulso irregular
- Poca o nula micción

GUANTES Y ROPA DE PROTECCIÓN

Guantes de protección

Los guantes de protección deben cumplir con la norma UNE-EN ISO 374.5:2016.

En actividades de atención a la persona sintomática y en laboratorios, los guantes que se utilizan son desechables ya que las tareas asociadas requieren destreza y no admiten otro tipo de guante más grueso.

Es importante destacar que, en toda otra actividad que no requiera tanta destreza, como por ejemplo en tareas de limpieza y desinfección de superficies que hayan estado en contacto con personas sintomáticas, puede optarse por guantes más gruesos, más resistentes a la rotura.

Ropa de protección

Es necesaria la protección del uniforme del trabajador de la posible salpicadura de fluidos biológicos o secreciones procedentes de la persona sintomática a la que examina o trata.

Este tipo de ropa, como EPI, debe cumplir con la norma UNE-EN 14126:2004 que contempla ensayos específicos de resistencia a la penetración de microorganismos. Este tipo de ropa puede ofrecer distintos niveles de hermeticidad tanto en su material como en su diseño, cubriendo parcialmente el cuerpo como batas, delantales, manguitos, polainas, etc., o el cuerpo completo. En la designación, se incluye el Tipo y la letra B (de Biológico).

En caso de que sea necesario protección adicional en alguna zona, como cierta impermeabilidad, también puede recurrirse a delantales de protección química que cumplen con la norma UNEUNE-EN 14605 :2009, denominados Tipos PB [3] y PB [4] (PB procede de "Partial Body") que, aunque no sean específicamente de protección biológica, pueden ser adecuados para el uso de protección contra salpicaduras mencionado o para complementar una bata que no sea un EPI.

Se recomienda que la ropa de protección biológica sea desechable ya que presenta la ventaja de que al eliminarse se evitan fuentes de posible contagio que pudieran aparecer en el caso de que la desinfección del equipo no se realizase correctamente.

PROTECCIÓN OCULAR Y FACIAL

Se debe usar protección ocular cuando haya riesgo de contaminación de los ojos a partir de salpicaduras o gotas (por ejemplo: sangre, fluidos del cuerpo, secreciones y excreciones). Los protectores oculares certificados en base a la norma UNE-EN 166:2002 para la protección frente a líquidos3 pueden ser gafas integrales frente a gotas o pantallas faciales frente a salpicaduras (ambos, campo de uso 3), donde lo que se evalúa es la hermeticidad del protector (en el caso de la gafa integral) o la zona de cobertura del mismo (en el caso de la pantalla facial).

Es posible el uso de otro tipo de protector ocular, como sería el caso de gafas de montura universal con protección lateral, para evitar el contacto de la conjuntiva con superficies contaminadas, por ejemplo; contacto con manos o guantes. No obstante, si por el tipo de exposición se precisa garantizar cierta hermeticidad de las cuencas orbitales deberemos recurrir a gafas integrales (campos de uso 3, 4 o 5 según

UNE-EN 166:2002, en función de la hermeticidad requerida)[2] y, para la protección conjunta de ojos y cara, a pantallas faciales.

Se recomienda siempre protección ocular durante los procedimientos de generación de aerosoles. Cuando sea necesario el uso conjunto de más de un equipo de protección individual, debe asegurarse la compatibilidad entre ellos, lo cual es particularmente importante en el caso de la protección respiratoria y ocular simultánea, para que la hermeticidad de los mismos y por tanto su capacidad de proteger no se vea mermada.

COLOCACIÓN Y RETIRADA DE LOS EPI

Los EPI deben seleccionarse para garantizar la protección adecuada en función de la forma y nivel de exposición y que ésta se mantenga durante la realización de la actividad laboral. Esto debe tenerse en cuenta cuando se colocan los distintos EPI de tal manera que no interfieran y alteren las funciones de protección específicas de cada equipo.

Deben respetarse las instrucciones del fabricante. Después del uso, debe asumirse que los EPI y cualquier elemento de protección empleado pueden estar contaminados y convertirse en nuevo foco de riesgo. Por lo tanto, un procedimiento inapropiado de retirada puede provocar la exposición del usuario. Consecuentemente, debe elaborarse e implementarse una secuencia de colocación y retirada de todos los equipos detallada y predefinida, cuyo seguimiento debe controlarse. Los EPI deben colocarse antes de iniciar cualquier actividad probable de causar exposición y ser retirados únicamente después de estar fuera de la zona de exposición. Se debe evitar que los EPI sean una fuente de contaminación, por ejemplo, dejándolos sobre superficies del entorno una vez que han sido retirados.

DESECHO O DESCONTAMINACIÓN

Después de la retirada, los EPI desechables deben colocarse en los contenedores adecuados de desecho y ser tratados como residuos biosanitarios clase III. Si no se puede evitar el uso de EPI reutilizables, estos se deben recoger en contenedores o bolsas adecuadas y descontaminarse usando el método indicado por el fabricante antes de guardarlos. El método debe estar validado como efectivo contra el virus y ser compatible con los materiales del EPI, de manera que se garantiza que no se daña y por tanto su efectividad y protección no resulta comprometida.

ALMACENAJE Y MANTENIMIENTO

Los EPI deben ser almacenados adecuadamente, siguiendo las instrucciones dadas por el fabricante, de manera que se evite un daño accidental de los mismos o su contaminación.

EXÁMENES DE SALUD OBLIGATORIOS VERSUS VOLUNTARIOS

El consentimiento del trabajador, para poder practicar cualquier determinación o prueba de vigilancia sobre su salud, es una de las notas más destacadas en la regulación de esta materia instaurada por la LPRL. Toda actuación en el ámbito de la salud de un paciente necesita el consentimiento libre y voluntario del afectado, como así establece la Ley 41/2002, de 14 de noviembre, Básica Reguladora de la Autonomía del Paciente y de Derechos y Obligaciones en Materia de Información y Documentación Clínica. En este sentido el consentimiento informado supone la conformidad libre, voluntaria y consciente del usuario de servicios sanitarios, manifestada en el pleno uso de sus facultades después de recibir la información adecuada, para que tenga lugar una actuación que afecta a su salud.

Ante los exámenes de salud se debe solicitar el consentimiento previo del trabajador, debiendo quedar acreditada su realización aunque no es imprescindible que sea por escrito. En el caso de que el reconocimiento sea de carácter obligatorio el consentimiento del trabajador deberá ser por escrito; también debe prestarse por escrito ante situaciones excepcionales en materia de vigilancia de la salud de los trabajadores como procedimientos diagnósticos invasores o aplicación de procedimientos que suponen riesgos o inconvenientes de notoria y previsible repercusión negativa sobre la salud.

En determinadas circunstancias se establecen como obligatorios los reconocimientos médicos, no sólo para los empresarios que deben garantizarlos, sino también para los trabajadores que tienen que someterse a ellos. Es la propia LPRL (art. 22.1) la que aborda las excepciones a la voluntariedad, cuya aplicación requiere, además, el informe previo de los representantes de los trabajadores. En la Ley se articulan varias causas de excepción al principio general de voluntariedad, que se pueden agrupar en cuatro bloques: - Los supuestos en los que la realización de los reconocimientos sea imprescindible para evaluar los efectos de las condiciones de trabajo sobre la salud de los trabajadores. - Para verificar si el estado de salud del trabajador puede constituir un peligro para el mismo. - Para verificar si el estado de salud del trabajador puede constituir un peligro para los demás trabajadores o para otras personas relacionadas con la empresa. - Cuando así esté establecido en una disposición legal en relación con la protección de riesgos específicos y actividades de especial peligrosidad. Podemos resumir lo establecido en la normativa vigente.

GLOSARIO

La atención de la salud en el trabajo se refiere al cuidado de la salud de los trabajadores. Abarca la asistencia preventiva, el fomento de la salud, los tratamientos, los primeros auxilios, la rehabilitación y –en caso necesario– la indemnización, así como las estrategias para facilitar una pronta recuperación y vuelta al trabajo.

Los datos médicos son los que se recopilan con fines médicos, es decir, para el ejercicio de la medicina; el médico o el profesional de la salud (personal de enfermería o paramédico) que trabaje bajo su responsabilidad debería recopilar esta información para su uso exclusivo con fines médicos.

Por datos personales se entiende todo tipo de información relacionada con una persona identificada o identificable; deberían establecerse requisitos mínimos respecto de su confidencialidad para los datos de salud.

Los datos de la salud en el trabajo son los que se recopilan con fines relacionados con la salud en el trabajo; la persona encargada de recopilar esta información debería ser un profesional de la salud, según se define en el presente documento; deberían establecerse requisitos mínimos con respecto a la información médica que habría de considerarse de carácter confidencial.

Los eventos centinela están concebidos para identificar actividades y empleos de alto riesgo con respecto a la salud en el trabajo, así como para suministrar pistas relativas a la etiología de las enfermedades.

Los profesionales de la salud son personas autorizadas, en virtud de un procedimiento adecuado, para ejercer una profesión en el ámbito de la salud (por ejemplo, los médicos o el personal de enfermería).

Los profesionales de la salud en el trabajo son personas autorizadas, en virtud de un procedimiento adecuado, para ejercer una profesión relacionada con la salud en el trabajo o que prestan servicios de salud en el trabajo con arreglo a lo dispuesto en los correspondientes reglamentos. Entre los profesionales de la salud en el trabajo se cuentan todos los que por su profesión llevan a cabo actividades de seguridad y salud en el trabajo, prestan servicios de salud en el trabajo o intervienen en las prácticas de salud en el trabajo, aunque sólo sea ocasionalmente. Estas personas pueden ser médicos especializados en salud en el trabajo, personal de enfermería, inspectores de seguridad y salud en el trabajo, inspectores médicos, higienistas del trabajo, psicólogos del trabajo y especialistas que actúen en el ámbito de la ergonomía, de la prevención de accidentes, de la mejora del medio ambiente de trabajo o de la investigación sobre salud y seguridad en el trabajo. Además de los profesionales de la seguridad y la salud en el trabajo, muchas otras personas están involucradas en la protección y promoción de la salud de los trabajadores (por ejemplo, el personal directivo y los representantes de los trabajadores).

La salud se define en el Preámbulo de la Constitución de la Organización Mundial de la Salud como «un estado de completo bienestar físico, mental y social, y no solamente la ausencia de afecciones o enfermedades». En 1978, la Oficina Regional de la OMS para Europa, con sede en Copenhague, se refirió a la salud como un proceso dinámico que depende en gran medida de la capacidad individual para adaptarse al entorno: estar sano significa, pues, mantener una actividad intelectual y social, por más que puedan existir ciertas afecciones o minusvalías.

La salud en el trabajo: desde 1950, la OIT y la OMS cuentan con una definición común de la medicina del trabajo, que fue adoptada por el Comité Mixto OIT/OMS de Salud en el Trabajo en su primera reunión (1950) y revisada en su 12.a reunión (1995):

La salud en el trabajo tiene como finalidad promover y mantener el más alto nivel de bienestar físico, mental y social de los trabajadores en todas las profesiones; prevenir todo daño causado a la salud de éstos por las condiciones de su trabajo; protegerlos en su empleo contra los riesgos resultantes de la existencia de agentes nocivos a su salud; colocar y mantener al trabajador en un empleo acorde con sus aptitudes fisiológicas y psicológicas y, en resumen, adaptar el trabajo al hombre y cada hombre a su tarea.

Las actividades en materia de salud en el trabajo abarcan tres objetivos diferentes:

1) El mantenimiento y la promoción de la salud de los trabajadores y su capacidad de trabajo.

2) El mejoramiento del medio ambiente de trabajo y del trabajo a fin de garantizar la seguridad y la salud en el trabajo.

3) La elaboración de sistemas de organización del trabajo y de culturas laborales con miras a fomentar la seguridad y la salud en el trabajo y de promover así un clima social positivo e incrementar la productividad de las empresas.

El concepto de cultura laboral se entiende en este contexto como un reflejo de los sistemas de valores esenciales adoptados por las empresas interesadas. En la práctica, dicha cultura se refleja en los sistemas de administración, en la gestión del personal, en los principios de participación, en las políticas de capacitación y en la calidad de la gestión de la empresa.

La seguridad y salud en el trabajo abarca la prevención de los accidentes del trabajo y de las enfermedades profesionales, así como la protección y fomento de la salud de los trabajadores. Su objetivo es mejorar las condiciones y medio ambiente de trabajo.

Los términos «seguridad en el trabajo, salud en el trabajo, higiene del trabajo y mejora del ambiente de trabajo» reflejan la contribución de distintas profesiones (por ejemplo, ingenieros, médicos, higienistas, personal de enfermería)

El sistema de vigilancia de la salud en el trabajo es un sistema dotado de capacidad funcional para la recopilación, el análisis y la difusión de datos, vinculado a los programas de salud en el trabajo. Abarca todas las actividades realizadas en el plano de la persona, el grupo, la empresa, la comunidad, la región o el país para detectar y evaluar toda alteración significativa de la salud causada por las condiciones de trabajo, y para supervisar el estado general de salud de los trabajadores.

Los programas de vigilancia de la salud en el trabajo registran los casos de muerte, enfermedad, lesión o exposición a riesgos relacionados con el trabajo y evalúan la frecuencia con la que se producen en las diversas categorías de actividades económicas, en un período o zona geográfica determinados. La vigilancia es la recopilación continuada y sistemática de datos, su análisis e interpretación y la adecuada difusión de los mismos.

La vigilancia del medio ambiente de trabajo es un término genérico que comprende la identificación y evaluación de los factores medioambientales que pueden afectar a la salud de los trabajadores. Abarca la evaluación de las condiciones sanitarias y la higiene en el trabajo, los factores de la organización del trabajo que puedan presentar riesgos para la salud de los trabajadores, el equipo de protección colectivo y personal, la exposición de los trabajadores a los factores de riesgo y el control de los sistemas concebidos para eliminarlos y reducirlos.

Desde el punto de vista de la salud de los trabajadores, la vigilancia del medio ambiente de trabajo se centra, aunque no exclusivamente, en una serie de consideraciones básicas: ergonomía, prevención de los accidentes y de las enfermedades, higiene industrial, organización del trabajo y factores psicosociales presentes en el lugar de trabajo. La vigilancia de la salud de los trabajadores es un término genérico que abarca procedimientos e investigaciones para evaluar la salud de los trabajadores con vistas a detectar e identificar toda anomalía. Los resultados de esta vigilancia deberían utilizarse para la protección y promoción individual y colectiva de la salud en el lugar de trabajo, así como la salud de la población trabajadora expuesta a riesgos. Los procedimientos de evaluación de la salud pueden incluir, aunque no limitarse a exámenes médicos, controles biológicos, evaluaciones radiológicas, cuestionarios, o un análisis de los registros de salud.

La vigilancia de la salud en el trabajo comprende la recopilación, el análisis, la interpretación y la difusión continuada y sistemática de datos a efectos de la prevención.

La vigilancia es indispensable para la planificación, ejecución y evaluación de los programas de seguridad y salud en el trabajo, el control de los trastornos y lesiones relacionados con el trabajo, así como para la protección y promoción de la salud de los trabajadores. Dicha vigilancia comprende tanto la vigilancia de la salud de los trabajadores como la del medio ambiente de trabajo.

(Documentación recogida en distintas páginas oficiales, pudiendo haber algún error, dentro de la clara evidencia de los datos que queremos destacar)

BIBLIOGRAFÍA

- ELDERECHO.COM
- EUCA
- CANALES SECTORIALES (INTEREMPRESAS) PROTECCIÓN LABORAL
- INSST
- CANALES SECTORIALES , INTEREMPRESAS
- MINISTERIO DE SANIDAD, CONSUMO Y BIENESTAR SOCIAL CENTRO DE PUBLICACIONES
- MINISTERIO DE SANIDAD Versión 29-06-2021

www.ingramcontent.com/pod-product-compliance
Lightning Source LLC
Chambersburg PA
CBHW051203170526
45158CB00005B/1804